為什麼
蔬菜

A. 蔬菜能提供水分

B. 蔬菜比較便宜

C. 蔬菜能提供豐富的維他命、礦物質和纖維

答案
C

蔬菜能為我們提供豐富的維他命、礦物質和纖維，這些營養物質都是我們人體不可缺少的。小朋友的身體正在成長階段，這些營養物質更不可或缺。

知識補給站

蔬菜中的纖維能幫助人體消化及防止便祕，如果蔬菜攝取量不夠，很容易造成腸胃消化的疾病，甚至是心臟病等嚴重問題。

榮獲第十三屆 冰心兒童圖書獎

幼幼小百科

食物

WHY?

風車圖書
WINDMILL

糖糖

給家長的話

「幼幼小百科」系列為3到8歲的兒童而編寫。成長中的兒童對未知世界充滿好奇，看到太陽會問為什麼太陽公公會發光；看到小狗伸出舌頭，以為牠想吃東西了……

孩子好奇心重，而用嚴謹學術語言解讀的書本，是不適合孩子閱讀和吸收的。「幼幼小百科」系列，就是針對孩子的文字理解能力有限、注意力容易轉移等特點編製而成，用淺顯易懂又容易吸收的語言作出解釋。

本系列書搜集與孩子生活緊密相關、孩子最常發問的一些問題和現象，以常識、動物、食物、健康四個類別整理成書。同時，打破一般百科模式，在每個解釋前提供有趣、新奇的選項，引導孩子思考，激發孩子的興趣。針對3到5歲的孩子，家長可根據「想一想，圈一圈」的每個選項引導孩子思考，或者直接給孩子解釋；6到8歲的孩子，則可先做選擇題，再對照解釋核對自己的答案。

此外，本系列書以寫實圖片和童趣插畫相結合的方式，能幫助兒童直觀地認識事物的真實面貌。「知識補給站」亦能為兒童提供豐富的知識。

父母和孩子一起閱讀，可以觀察孩子的興趣點及孩子思考問題的方式，培養孩子的閱讀興趣，同時也可以增進與孩子的親子關係，創造溫情洋溢的親子氛圍。

為什麼要多吃魚？

A. 因為魚肉香甜可口

B. 魚的蛋白質含量高，容易被人體吸收

C. 魚吃多了，就可以像魚兒那樣在水中游來游去

答案 B

魚的蛋白質含量高，品質好，容易被人體吸收。營養學家認為，魚肉含有鈣、磷質，能幫助人體發育，對提高兒童的智力十分有益。

知識補給站

世界上游得最快的魚是旗魚。當快速游動時，牠會把身上的大背鰭藏起來，以減少水的阻力。旗魚最快的速度可達每小時100公里以上呢！

為什麼雞蛋最好煮熟再吃？

A. 生吃雞蛋容易感染疾病

B. 生雞蛋太腥了，不好吃

C. 生雞蛋殼沒有熟雞蛋殼好剝

答案 A

因為母雞在生產蛋的時候，可能會把雞糞沾在蛋殼上，細菌可從蛋殼的氣孔進入蛋內，如果我們吃了生雞蛋便有可能感染沙門氏菌，嚴重的會出現腹痛、嘔吐和腹瀉。另外，生吃雞蛋會影響營養的吸收，所以最好把雞蛋煮熟再吃。

知識補給站

由於人的消化能力有限，吃過多的雞蛋會容易引起消化不良，出現肚子脹的現象，所以我們每天吃一個雞蛋便足夠了。

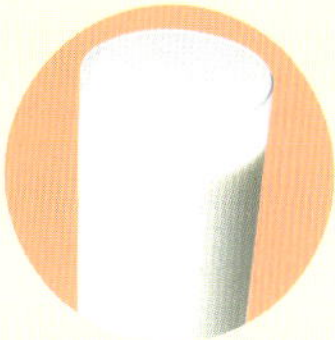

為什麼不可以只喝牛奶而不喝開水？

A. 牛奶比開水貴

B. 牛奶沒有開水那麼容易獲得

C. 牛奶裡的飽和脂肪，吸收多了對身體不好

答案 C

雖然牛奶屬於液體食品，而且含有豐富的營養，但是也不能把牛奶當開水來喝。因為這樣會吸取過多的飽和脂肪，對身體產生不良的影響。

知識補給站

牛奶可製成多種不同的食品，像是牛油、起士和優格等都是由牛奶製成的。

為什麼喝現榨果汁比喝包裝果汁好？

A. 現榨果汁看起來比包裝果汁顏色鮮豔

B. 現榨果汁保留了水果大部分的營養

C. 現榨果汁可以自由搭配口味，包裝果汁口味單一

答案
B

一般的包裝果汁只加入少量的鮮果汁，大部分的材料是水和糖，另外還添加人工色素、調味劑等，營養價值低，對身體沒有益處。而現榨果汁則保留了水果中大部分的營養，對身體有益。

知識補給站

不同的鮮果汁對身體有不同的療效，例如蘋果汁可以調理腸胃、預防高血壓及促進腎的機能。

為什麼不要多吃糖果？

A. 吃多了會想睡覺

B. 糖果太甜，吃多了影響味覺

C. 吃多了，會引起肥胖及蛀牙

答案 C

糖果大部分的成分是糖、色素等，營養成分低，吃過多的糖果會導致肥胖及蛀牙。

知識補給站

糖除了可以從甘蔗中提煉出來之外，還可以從一種叫甜菜的植物中提取。

為什麼吃冰淇淋會容易肥胖？

A. 冰淇淋中含有大量的糖和脂肪，使身體肥胖

B. 冰淇淋會把胃撐大

C. 冰淇淋會熱脹冷縮

答案 A

雖然冰淇淋中含有許多營養，例如蛋白質、維他命C 等，但由於冰淇淋中同時也含有大量的糖和脂肪，容易使人變得肥胖，所以不宜多吃。

知識補給站

把奶油、雞蛋、糖和香料拌在一起凍結，趁它還沒有凝固成冰塊之前，把它攪拌得鬆軟滑潤，這樣，美味的冰淇淋便完成了。

為什麼不能天天吃漢堡速食？

A. 天天吃，會長得像漢堡

B. 因為它的脂肪和糖分高，而且含油量高，多吃有損健康

C. 經常吃容易膩

答案 B

漢堡速食大部分都是脂肪和糖分高的食物，而且含油量高，多吃會有害健康。此外，速食中主要以肉類和五穀類為主，很少有蔬果類的食物，成長中的兒童不能從速食中吸取均衡的營養成分，而且長期吃也容易導致消化不良。

知識補給站

漢堡肉餅是從俄國帶入德國的，後來經過德國漢堡市的人改良，將絞碎的肉做成又圓又扁的形狀煎熟來吃，所以名為漢堡肉餅。

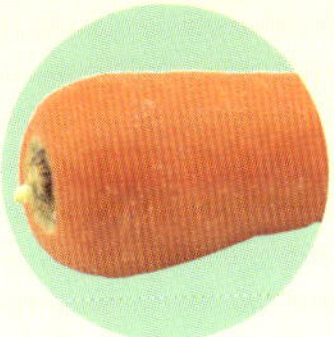

為什麼紅蘿蔔是橙紅色的？

A. 因為被注入了橙紅色的藥水

B. 被太陽曬紅的

C. 因為含有胡蘿蔔素

答案 C

紅蘿蔔裡含有一種橙紅色的物質，叫做「胡蘿蔔素」。其他植物中也含有胡蘿蔔素，但是紅蘿蔔所含的分量特別多，所以紅蘿蔔的顏色最鮮明，是橙紅色的。

知識補給站

多吃紅蘿蔔可降低罹患眼疾的機率，而且可以預防眼部機能退化。

為什麼有些蘑菇是不能吃的？

想一想，圈一圈

A. 有些蘑菇永遠煮不熟

B. 有些蘑菇太貴，吃不起

C. 有些蘑菇有毒

答案 C

很多蘑菇都可以吃，而且它們有很豐富的礦物質和纖維，味道鮮美。但是有的蘑菇卻含有毒素，尤其是那些顏色鮮豔的蘑菇，很可能是有毒的，吃了會使人中毒，所以千萬不要撿拾野生的蘑菇來吃。

知識補給站

蘑菇喜歡潮濕的環境，在腐爛的木頭上最容易生長，於是人們想到用鋸下來的樹木細末來培植蘑菇。現在，很多蘑菇都是人工培植出來的。

為什麼馬鈴薯長了芽便不能吃？

A. 長了芽的馬鈴薯要拿來當種子

B. 長了芽的馬鈴薯味道特別苦

C. 長了芽的馬鈴薯會產生有毒的物質

答案 C

　　當馬鈴薯的表皮出現青綠色及長了幼芽時，就會產生一種有毒物質，吃了會使人嘔吐、發冷、全身無力，嚴重時甚至會導致死亡。

知識補給站

　　把馬鈴薯放在陰暗的地方收藏，例如放在有蓋的塑膠桶裡，不讓它長期照射到陽光，可以避免馬鈴薯的表皮變青及發芽。

為什麼未成熟的青番茄不能吃？

A. 吃了青番茄可能導致中毒

B. 青番茄的味道特別苦

C. 青番茄太硬了，咬不動

答案 A

未成熟的青番茄中含有一種物質叫「生物鹼」，這種物質會使番茄產生有毒物質，我們吃了口腔會感到苦澀，嚴重的可導致中毒。但在成熟的紅番茄中則沒有這種物質，我們可以放心食用。

知識補給站

番茄生長初期，表皮上的葉綠素會使它看上去呈現綠色。當漸漸成熟時，葉綠素減少，番茄裡的「番茄紅素」增多，番茄就會變成紅色了。

為什麼蓮藕中間會有一個個的小洞？

A. 這樣看起來比較漂亮

B. 這些小洞是蓮藕用來呼吸的氣孔

C. 為了方便吸收更多水分

答案 B

蓮藕的小洞是它用來呼吸的氣孔。蓮藕本身是蓮花的莖，因為生長在水中，所以需要有一些管道來運送空氣，那些小洞便是這樣來的。

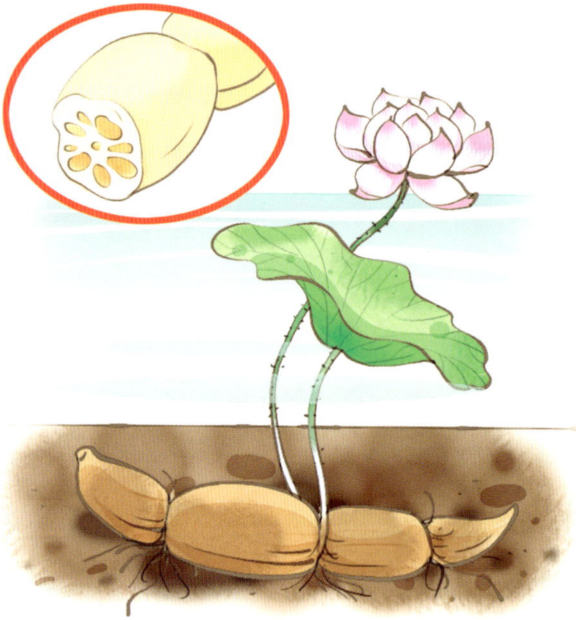

知識補給站

睡蓮跟蓮花的外形很相似，但睡蓮的花瓣較細長，有著特殊的清香。睡蓮可依開花的時間分為兩類：一類是清晨開花的；另一類是晚上開花的。

為什麼栗子的外殼上有刺？

想一想，圈一圈

A. 它是刺蝟的親戚

B. 用來保護果實

C. 用來吸收空氣中的水分

答案 B

栗子的外殼上像針一般的刺是用來保護果實的，它可讓昆蟲、小動物無法把果實吃掉。

知識補給站

栗子約在九到十月間成熟，烹調方法包括煮、烤、炒等，也可以放在不同的菜餚或糕點裡。你有吃過栗子燒雞或栗子蛋糕嗎？

為什麼香蕉裡看不見種子？

A. 香蕉本來就沒有種子

B. 香蕉種子都掉在地上了

C. 香蕉裡有種子，只是很細小，比較難看到

答案 C

現在我們吃的香蕉是經過長期的人工選擇和培育後改良過來的。人們在培植過程中改變了香蕉結種子的本性，種子變得很小，所以看不到種子。

知識補給站

其實香蕉果肉裡那一排排褐色的小點，就是香蕉的種子，只是它已經退化罷了。

為什麼有些葡萄內是沒有種子的？

A. 因為它還沒有完全成熟

B. 葡萄花被浸入特殊的藥水，讓葡萄長不出種子

C. 有些葡萄天生就沒有種子

答案 B

這是由於在種植葡萄的時候，將葡萄花浸入了一些特製的藥水，使它不能長出種子，但不是每一種葡萄都適合這種做法的。

知識補給站

葡萄是漿果，它多汁、肉厚並含有種子。現在世界上大約有5000種葡萄，有些用來釀葡萄酒，有些則可用來做葡萄乾。

為什麼草莓上長著一粒粒的東西？

A. 這樣草莓看起來更立體，更美觀

B. 它其實是草莓的種子

C. 可以防止昆蟲、鳥類啄食果實

答案
B

草莓上的粒狀東西是它的種子。一般水果的種子都長在水果裡，但草莓的種子卻長在表皮上。

知識補給站

剛生長出來的草莓是綠色的，吸收陽光後長到成熟，便會變得紅紅的了。

為什麼炸薯條的營養跟馬鈴薯不一樣？

A. 炸過的薯條把馬鈴薯原有的營養成分都減低了

B. 因為薯條的個頭沒有馬鈴薯的大

C. 因為吃薯條會蘸番茄醬

答案 C

薯條是由馬鈴薯切條製成的，由於薯條在烹調過程中經過高溫油炸並加入許多的鹽，因此把馬鈴薯原有的營養成分都減低了。

知識補給站

馬鈴薯屬於植物的地下莖，含有豐富的維他命C。在西方國家，馬鈴薯是當地人的主要糧食之一，相當於我們的米飯。

鹽是怎樣製造的？

A. 用機器生產的

B. 種出來的

C. 從海水中提煉出來的

答案 C

我們日常食用的鹽是海鹽，它是從海水中提煉出來的。人們會先把海水引入鹽田或曬鹽池，讓太陽把水分蒸發掉，留下的白色顆粒便是鹽，經過加工，便製成可食用的鹽了。

知識補給站

鹽對人體非常重要。當身體裡鹽分減少時，人會容易疲倦或生病；但是如果鹽分過多，身體又會失去平衡。所以，人體每天的鹽分攝取量以10克為宜。

巧克力是怎樣製成的？

A. 用栗子殼加工而成的

B. 用可可豆製成的

C. 用糖漿製成的

答案
B

巧克力是用可可豆製成的，人們先把可可豆烤熟，再攪拌成可可漿，加入牛奶和糖，倒進模子冷凍後，便成了美味的巧克力。

知識補給站

可可樹生長在南美洲和非洲的熱帶雨林裡，它的樹幹或樹枝上會結出一個個紅色的大果實，每個果實裡有數十粒種子，這些種子就是可可豆了。

為什麼說梨子是秋天的最佳水果？

A. 梨子水分多，很滋潤

B. 梨子比其他水果都好吃

C. 秋天梨子的產量最高

答案 A

秋天，我們常會感到喉嚨乾燥，而梨子含有大量的水分，味道清甜而且有潤喉的作用；同時，梨子多在秋天收成，因此說梨子是秋天的最佳水果。

知識補給站

梨子有潤燥化痰、清熱解毒等效用。它的吃法很多，除了可以生吃外，還可以用來榨汁、用做湯和煮糖水等的材料。

為什麼在冬天也可以吃到夏天出產的蔬果？

A. 把夏天的蔬果儲藏起來，等到冬天的時候再拿出來吃

B. 用溫室栽培的

C. 把夏天的蔬果做冰凍處理

答案 B

現在有一些蔬果是由溫室栽培的，在溫室內可以控制適合植物生長的溫度，所以我們在冬天也可以吃到夏天出產的蔬果。

知識補給站

溫室是用玻璃或透明的壓克力搭建成的，裡面的溫度可以因應所需而加以控制，所以可以培植任何種類的蔬果。